OSOS POLARES

MAMIFERO MARINO

Sarah Palmer

Versión en español de Lois Sands

Rourke Enterprises, Inc.
Vero Beach, Florida 32964

LIBRARY OF CONGRESS
Library of Congress Cataloging-in-Publication Data
Palmer, Sarah, 1955-
[Osos polares. Español.]
    Osos polares / por Sarah Palmer; versión en español de Lois
Sands.
        p.   cm. — (Biblioteca de descubrimiento del mamífero marino)
    Traducción de: Polar Bears.
    Incluye un índice alfabético.
    Sumario: Describe el animal más grande y poderoso del Ártico — el
oso polar blanco.
    ISBN 0-86592-673-5
    1. Oso polar—Literatura juvenil.
[1. Oso polar.   2. Osos.   3. Materiales en español.]
I. Título.   II. De la serie de: Palmer, Sarah, 1955-
Biblioteca de descubrimiento del mamífero marino.
QL737.C27P3418   1991
599.74'446—dc20   91-4922
                                                    CIP
                                                    AC

ÍNDICE

OSOS POLARES

Los osos polares son los animales más grandes y poderosos del **hielo empacado** del Ártico. No temen a ningún otro animal. Ninguno es suficientemente grande para enfrentar en una pelea al oso polar. Los osos polares *(Thalarctos maritimus)* pertenecen a la familia de los osos. Son parientes cercanos de los osos pardos. Los osos polares se sienten a gusto tanto en la tierra como en el agua. Ellos pasan mucho tiempo en la tierra y usan el océano como fuente de comida.

Los osos polares grandes y blancos tienen cuerpos muy poderosos

CÓMO SON

Los osos polares están cubiertos de piel gruesa color blanco cremoso. Esta piel los mantiene calientes y les da buen **camuflaje** en el paisaje cubierto de nieve. El peso promedio de un oso polar macho es de 1,000 libras y mide como diez pies de largo. Las hembras de los osos polares son más pequeñas, midiendo como ocho pies de largo. Algunos osos polares de Alaska han pesado mucho más de 1,500 libras.

Un oso polar descansa bien camuflado en la nieve

DÓNDE VIVEN

Los osos polares se encuentran solamente en el hielo empacado del Ártico. Cuando el hielo se derrite en el verano, los osos se van al Norte. En el invierno ellos regresan a los límites sureños del hielo empacado. Las poblaciones de los osos polares viven en cinco países: los Estados Unidos, Canadá, Groenlandia, U.R.S.S. y Noruega. Los gobiernos de todos estos países tienen prohibida la caza de osos polares.

Los osos polares viven en el hielo empacado del Ártico

SUS SENTIDOS

Los osos polares son animales curiosos. A menudo se paran en sus patas traseras para ver mejor y para olfatear las cosas. Ellos siguen las huellas de los vehículos de nieve por millas. Como todos los animales, ellos tienen que depender de sus sentidos para encontrar comida y defenderse de ataques inesperados. Los osos polares no pueden ver muy bien. Por suerte el sentido de olfato que tienen es excelente. ¡Los osos polares pueden oler una foca sabrosa desde muy lejos!

Los osos polares se paran en sus patas 11
traseras para dar una buena mirada
en su alrededor

Los osos polares juegan a la lucha un día de verano del Ártico

Los osos polares a veces son llevados por millas en hielos flotantes

CAZANDO PRESA

Los osos polares cazan solos. La comida favorita de ellos es carne de foca y en especial les gusta la foca anillada. Los osos polares **cazan con acecho** a las focas, calladitos y con mucho cuidado. Van gateando en sus barrigas, metiéndose y saliéndose del agua entre los hielos flotantes. Los osos polares deben atacar en la tierra porque las focas son demasiado rápidas para ellos en el agua. Los osos polares solamente comen parte de las focas. Dejan el resto para que se lo coman las zorras del Ártico.

Los osos polares cazan con acecho a su presa por el agua y sobre hielo

LO QUE COMEN

Los osos polares son **carnívoros,** o comedores de carne. Durante los meses del verano a veces se comen hojas y bayas, pero prefieren comer carne. Comen como ocho libras de carne cada día. Se comen toda clase de foca, pescado y otros **mamíferos** más pequeños. A veces los osos polares atacan a las manadas de morsas. Las morsas corren a la seguridad del océano. Los que se quedan llegan a ser **presa** fácil para el oso polar.

Los osos polares se sienten a gusto en el agua y fuera del agua

VIVIENDO EN EL OCÉANO

Las nutrias marinas probablemente son los nadadores más lentos de todos los mamíferos marinos. Normalmente, pueden nadar a 1½ m.p.h. Aun cuando las persiguen, pueden solamente alcanzar 5 m.p.h. Las nutrias marinas pueden zambullirse hasta 180 pies para recoger comida. En una zambullida normal, se quedan debajo del agua por un minuto o un minuto y medio. Se ha sabido de nutrias marinas que se quedan debajo del agua por cuatro minutos si las están persiguiendo o están amenazadas en otra manera.

Las nutrias marinas son nadadores muy lentos aun cuando las persiguen

OSOS POLARES BEBÉS

Los **cachorros** de la osa polar nacen en el invierno. Una osa polar normalmente tiene cachorros gemelos cada dos o tres años. Cuando los cachorros nacen sólo miden de 7 a 12 pulgadas de largo y pesan menos de dos libras. Los osos polares nacen en una **guarida** que la mamá ha excavado debajo de la nieve. La hembra y sus cachorros se quedan en la guarida alrededor de tres meses. Los cachorros comen la leche rica de su mamá.

Una osa polar guía a sus cachorros al océano a cazar comida

LA FAMILIA DEL OSO POLAR

   Los osos polares dejan su guarida por primera vez en los meses primaverales de marzo o abril. Los cachorros ya están fuertes y sanos. Pesan como 20 libras. La mamá osa tiene hambre. Ella no comió todo el tiempo que estuvo en la guarida y ahora pesa la mitad de su peso normal. Ahora la mama osa necesita comida y le enseñará a sus cachorros a cazar. ¡Les encanta jugar en la nieve! Después de un año los cachorros son suficientemente grandes para cuidarse solos.

GLOSARIO

camuflaje — una manera de esconderse mezclándose con el medio ambiente

carnívoro — que come carne

cachorro — un oso polar bebé

cazar con acecho — seguir calladamente, listo para atacar

guarida — un agujero excavado debajo de la nieve donde nacen los osos polares

hielo empacado — un área donde pedazos de hielo flotan juntos en el océano

hielo flotante — un trozo grande de hielo flotante

mamíferos — animales que alimentan su cría con leche de madre

presa — un animal que es cazado por otro para su comida

ÍNDICE ALFABÉTICO